오십에 쓰는

천자문 千字文

작가소개,

한치선(타타오)

30여 년간 붓과 펜을 벗 삼아 문자(한자, 한글)와 더불어 살았으며, 지금은 유튜브 서예 채널 〈타타오 캘리아트〉와 〈타타오 서재〉, 깐징월드 인문학 채널 〈타타오 뜨락〉을 운영하며, 온·오프라인을 통해 활발히 활동 중입니다.

EBS 평생학교 〈한치선의 난생처음 붓글씨 쓰기〉, 클래스101 〈오늘부터 예쁘고 품격 있는 손글씨〉, 유튜브 채널 〈타타오 캘리아트〉의 멤버십 〈유튜브 서예학원〉을 통해 온라인 강의도 진행하고 있습니다.

《경기도 서예대전》 운영위원을 역임했으며, 《추사 김정희선생 추모 전국휘호대회》 심사 등 다수의 서예대전에서 심사위원으로 참여하였습니다.

지은 책으로는 「당신의 품격을 올려주는 손글씨」, 「가장 쉬운 독학 타타오의 서예 첫걸음」 등이 있습니다.

천자문(千字文)은,

천자문(千字文)은 중국 남북조시대 양무제 시절 주흥사(周興嗣)가 지은 4언절구 한시로 대표적인 한자 학습 교본이다.

주흥사가 양무제의 명을 받아 만들었다고 한다. 설에 의하면 주흥사가 양무제의 노여움을 사 죽임을 당하게 됐는데, 이를 용서받는 조건으로 '하룻밤 안에 4자씩 250구절 시를 짓되, 한 글자도 같은 글자를 쓰지 않는 조건'에 맞게 만들었다고 한다. 주흥사는 이 일로 하룻밤 새에 머리가 하얗게 세었다고 하여 훗날 사람들이 그를 백두(白頭) 선생 혹은 백수(白首) 선생이라 불렀다는 설이 있다. 이 때문에 천자문을 다른 말로 '백수문'(白首文)이라고도 부른다. 몇몇 야사에서는 996자까지 만들고 마지막 4자에서 막혔는데 귀신이 나타나서 '언재호야(焉哉乎也)'로 끝내라고 알려줘서 간신히 1천 자를 끝마쳤다고도 한다.

그렇지만 하룻밤 만에 중복글자 없이 250구절을 모두 만들어 내기란 거의 불가능해 천자문이 양무제 이전에도 존재했고 이를 주흥사가 집대성했다는 것이 정설이다.

천자문의 대단한 점은 '사언고시'(四言古詩) 250구(句), 1천 자로 이루어졌으면서 글자가 하나도 겹치지 않는다는 것이다. 정독하여 읽으면 내용도 참 운치 있고 좋아 교육용 교재로도 사용되었다. 글자가 겹치지 않게 하면서 운율과 의미도 맞추면서 작성했으니, 지은이의 머리가 허옇게 셌다는 전설이 생길 법도 하다. 천자문은 한시이면서 고사의 내용을 담고 있어, 세상의 이치와 고대의 이야기를 이해하는 데 도움이 될 것이다.

필사를 위한 준비,

본서의 체본은 붓펜으로 썼습니다. 많은 필기구 중에서 붓펜을 고른 이유는 힘의 가감이나 압력을 가장 예민하게 보여줄 수 있는 서사 도구이기 때문입니다. 하지만 그만큼 초심자분들이 컨트롤하기 어려운 점도 있습니다. 독자께서는 굳이 붓펜이 아니더라도 자신에게 잘 맞고 휴대성과 접근성이 편리한 중성펜 등으로 필사하시길 추천해 드립니다.

필사는 기법만이 아니라 심법(心法)도 아주 중요합니다. 문자(文字)란 생명과 사상을 담은 그릇이고, 그렇기에 필사하는 행위 자체가 하나의 인성수양(人性修養)이며 도야(陶冶)라고 할 수 있습니다.

책 활용법,

이 책은 한자 필순이나 기본획 쓰는 방법을 설명하고 있어 별도로 서예를 배우지
않은 사람도 기본적인 한자 쓰기가 가능합니다. 문장 따라 쓰기에서는 인문학자이
자 서예가인 작가가 정리한 문장을 읽으며 의미를 되새기고 따라 쓰며 그 운치를
헤아릴 수 있도록 하였습니다.

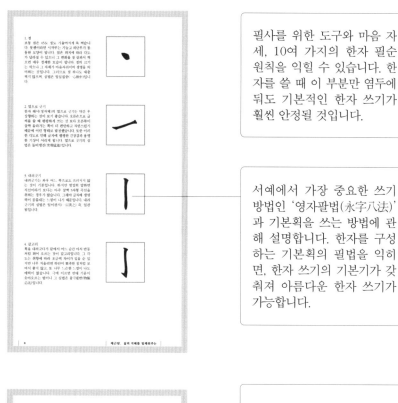

필사를 위한 도구와 마음 자
세, 10여 가지의 한자 필순
원칙을 익힐 수 있습니다. 한
자를 쓸 때 이 부분만 염두에
둬도 기본적인 한자 쓰기가
훨씬 안정될 것입니다.

서예에서 가장 중요한 쓰기
방법인 '영자팔법(永字八法)'
과 기본획을 쓰는 방법에 관
해 설명합니다. 한자를 구성
하는 기본획의 필법을 익히
면, 한자 쓰기의 기본기가 갖
춰져 아름다운 한자 쓰기가
가능합니다.

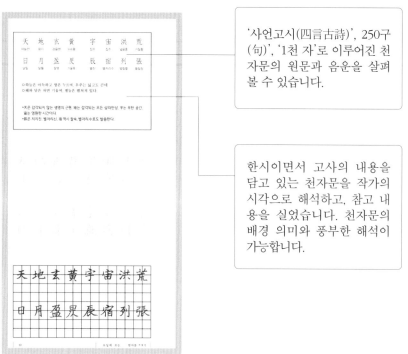

'사언고시(四言古詩)', 250구
(句)', '1천 자'로 이루어진 천
자문의 원문과 음운을 살펴
볼 수 있습니다.

한시이면서 고사의 내용을
담고 있는 천자문을 작가의
시각으로 해석하고, 참고 내
용을 실었습니다. 천자문의
배경 의미와 풍부한 해석이
가능합니다.

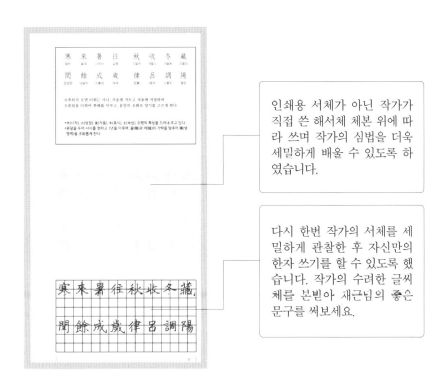

인쇄용 서체가 아닌 작가가 직접 쓴 해서체 체본 위에 따라 쓰며 작가의 심법을 더욱 세밀하게 배울 수 있도록 하였습니다.

다시 한번 작가의 서체를 세밀하게 관찰한 후 자신만의 한자 쓰기를 할 수 있도록 했습니다. 작가의 수려한 글씨체를 본받아 채근님의 좋은 문구를 써보세요.

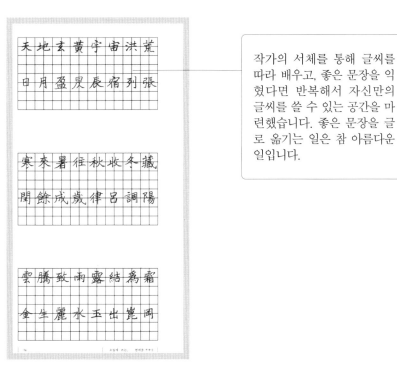

작가의 서체를 통해 글씨를 따라 배우고, 좋은 문장을 익혔다면 반복해서 자신만의 글씨를 쓸 수 있는 공간을 마련했습니다. 좋은 문장을 글로 옮기는 일은 참 아름다운 일입니다.

한자 필순의 원칙,

한자에서 필순은 무척 중요합니다. 그렇지만 너무 경직되어 틀에만 얽매일 필요는 없습니다. 기본적인 이치와 원리를 이해하면 큰 틀은 자연스럽게 손에 익을 것입니다. 다음 기본 원칙을 이해하고 적용해 봅시다.

1. 위에서 아래로 씁니다. 물이 위에서 아래로 흐르는 이치입니다.

2. 왼쪽에서 오른쪽으로 씁니다. 왼쪽이 안이고 오른쪽이 바깥이니, 안에서 밖으로 향함이 순서입니다.

3. 가로획과 세로획이 겹칠 때는 가로획을 먼저 씁니다. 가로가 음(陰)이고 세로가 양(陽)이니, 음양의 순서입니다.

4. 좌우 대칭을 이루는 글자는 가운데 획을 먼저 쓰고, 좌우의 순서로 씁니다. 기준 획을 먼저 써야 균형을 맞추기 편리하기 때문입니다.

5. 글자 전체를 세로로 꿰뚫는 획은 맨 마지막에 씁니다(예: 中(가운데 중). 일관 (一貫)하는 의미가 있기 때문입니다).

7. 삐침과 파임이 만날 때는 삐침을 먼저 씁니다. 삐침이 음(陰), 파임이 양(陽)입니다.

8. 몸(한자에서 글자의 바깥 부분을 에워싸고 있는 부수 '國', '匹'에서 '口', '匚' 따위)과 안으로 된 글자는 몸을 먼저 씁니다. 그래야 크기를 정하기 쉽기 때문입니다. 집을 지어 두고 식구들이 들어가는 것과 같은 이치입니다.

9. 오른쪽 위의 '점'과 안의 '점'은 맨 마지막에 찍습니다. 이때 점은 마침표와 같은 기분입니다.

10. 받침 중 '走', '是'는 먼저 씁니다. 그것이 의미부(글씨에서 의미를 나타내는 부분)이기 때문입니다.

11. 받침 중 '辶', '辶'은 맨 마지막에 씁니다. 이것 또한 의미부이나, 간단하게 만들었기 때문에 마지막에 써서 글자를 받쳐줍니다.

영자팔법(永字八法),

서예에서 중요한 이론 중에 '영자팔법(永字八法)'이 있습니다. '永(길영)'이라는 한 글자 속에는 한자의 거의 모든 기본획이 포함되어 있습니다. 그래서 서예의 기초 단계에서 이 글자로 연습하곤 합니다. 서예뿐만 아니라 펜글씨에서도 그 활용도는 동일하다고 생각이 됩니다. 현대에 와서는 '영자팔법'의 깊은 뜻이 상실되었으나 본서에서는 그 심법과 함께 되살려 보겠습니다.

1. 점

보통 점은 45도 정도 기울어지게 툭 찍습니다. 붓이라면 시작부는 가늘고 하단부가 통통한 모양이 됩니다. 점은 위치에 따라 각도가 달라질 수 있으니 그 변화를 잘 살펴서 찍으면 매우 경쾌한 모습이 됩니다. 점의 크기는 작으나 그 자체가 마음자리이며 생명을 의미하는 것입니다. 그러므로 점 하나도 대충 찍지 않으며, 심법은 일심집중(一心執中)입니다.

2. 옆으로 긋기

한자 해서(정자체)의 옆으로 긋기는 약간 우상향하는 것이 보기 좋습니다. 오른손으로 글씨를 쓸 때 평평하게 쓰는 것 보다 오른쪽이 살짝 올라가는 획이 더 편안하고 자연스럽기 때문에 이런 형태로 발전했습니다. 또한 이러한 각도로 인해 글자에 팽팽한 긴장감과 용맹한 기상이 서리게 됩니다. 옆으로 긋기의 심법은 돌비맹진(突飛猛進)입니다.

3. 내려긋기

내려긋기는 좌우 어느 쪽으로도 쓰러지지 않는 것이 기본입니다. 하지만 엄밀히 말하면 직선이라기보다는 아주 살짝 S자형 곡선을 취하는 경우가 많습니다. 그래야 글자에 생명력이 꿈틀대는 느낌이 나기 때문입니다. 내려긋기의 심법은 일이관지(一以貫之) 즉, 일관됨입니다.

4. 갈고리

획을 내려긋다가 끝에서 어느 순간 마치 반동처럼 튀어 오르는 것이 갈고리입니다. 그 각도는 취향에 따라 조금씩 차이가 있을 순 있지만 너무 치올리면 하단이 뾰족한 침처럼 보여서 좋지 않고, 또 너무 느슨한 느낌이 나도 매력이 없습니다. 극에 이르면 반대 기운이 솟아오르는 법이니 그 심법은 물극필반(物極必返)입니다.

5. 삐쳐 올림
시작부는 쿡 찍어주고 위로 짧게 뽑아 올리는 획입니다. 삼수변(氵)의 세 번째 획과 같은 경우입니다. 삐쳐 올리는 각도는 다음 획이 시작하는 지점을 향하는데, 이러한 율동성을 필세(筆勢)라고 합니다. 이것은 물이 흐르는 듯한 흐름이므로 심법은 행운유수(行雲流水)입니다.

6. 삐침
한자에서 삐침이라는 획은 매우 중요합니다. 시작부에서 왼쪽 하단을 향해 내려오며 끝은 딱 맺지 않고 시원하게 뽑아줍니다. 삐침은 원래 '비침'에서 유래한 말로 태양 빛이 비치는 형상과 닮았습니다. 그러므로 날카로운 칼처럼 뽑는 것이 아닌, 온유하면서도 멀리 뻗어 나가는 획을 그어야 합니다. 심법은 기러기가 비스듬히 모래펄 위로 내려앉는 형국인 평사낙안(平沙落雁)입니다.

7. 쪼음
쪼음은 상단에서 쿡 찍어서 짧고 야무지게 뽑아 내리는 획입니다. 보통 이 획이 나오면 다음 순서로 크고 웅장한 획이 나오게 됩니다. 그래서 욕심을 버리고 큰일을 위해 준비를 한다는 마음으로 써야 합니다. 심법은 과유불급(過猶不及)입니다.

8. 파임
파임은 한자의 꽃이라고 할 만큼 웅장하고 아름다운 획입니다. 시작은 우측 하단을 향해 가늘게 내려오다가 최대한 필압(글 쓸 때 누르는 정도)을 주어 굵게 눌러주고, 다시 가늘게 살짝 우측으로 뽑으며 마무리합니다. 이처럼 장중한 획을 펼칠 때의 심법은 건곤일척(乾坤一擲)입니다.

天	地	玄	黃	宇	宙	洪	荒
하늘천	땅지	검을현	누르황	집우	집주	넓을홍	거칠황

日	月	盈	昃	辰	宿	列	張
날일	달월	찰영	기울축	별진	별자리수	벌릴렬	펼칠장

○ 하늘은 아득하고 땅은 누르며, 우주는 넓고도 큰데
○ 해와 달은 차면 기울며, 별들은 펼쳐져 있다.

*天은 감각되지 않는 생명의 근원, 地는 감각되는 모든 삼라만상, 宇는 무한 공간,
宙는 영원한 시간이다.
*辰은 지지진, 별자리신, 宿 역시 잘숙, 별자리수로도 발음한다.

天 地 玄 黃 宇 宙 洪 荒
日 月 盈 昃 辰 宿 列 張

天 地 玄 黃 宇 宙 洪 荒
日 月 盈 昃 辰 宿 列 張

天	地	玄	黃	宇	宙	洪	荒
日	月	盈	昃	辰	宿	列	張

오십에 쓰는, 천자문 千字文

寒	來	暑	往	秋	收	冬	藏
찰한	올래	더위서	갈왕	가을추	거둘수	겨울동	감출장

閏	餘	成	歲	律	呂	調	陽
윤달윤	남을여	이룰성	해세	법률	법려	고를조	별양

○추위가 오면 더위는 가니, 가을엔 거두고 겨울엔 저장하며
○윤달을 더하여 한해를 이루고, 음양의 조화로 양기를 고르게 한다.

*木(시작), 火(성장), 金(거둠), 水(휴식), 土(숙성), 오행의 특성을 드러내 주고 있다.
*윤달을 두어 사시를 정하고 1년을 이루며, 율(陽)과 려(陰)의 가락을 맞추어 陽(생명력)을 조화롭게 한다.

寒 來 暑 往 秋 收 冬 藏
閏 餘 成 歲 律 呂 調 陽

寒 來 暑 往 秋 收 冬 藏
閏 餘 成 歲 律 呂 調 陽

寒 來 暑 往 秋 收 冬 藏

閏 餘 成 歲 律 呂 調 陽

11

雲	騰	致	雨	露	結	爲	霜
구름운	오를등	이를치	비우	이슬로	맺을결	될위	서리상

金	生	麗	水	玉	出	崑	岡
쇠금	날생	고울려	물수	구슬옥	날출	뫼곤	뫼강

○구름은 올라가 비가 되고, 이슬은 얼어 서리가 되며
○금은 여수에서 나고, 옥은 곤강에서 난다.

*기체가 액체가 되고, 액체가 고체가 되는 변화를 보여주고 있다.
*중국 운남성 근처 여강(麗江)에서 사금이 많이 생산되었으며, 청해성(淸海成) 인근 곤륜산맥은 옥(玉)의 생산지로 유명하다.

雲	騰	致	雨	露	結	爲	霜

金	生	麗	水	玉	出	崑	岡

劍	號	巨	闕	珠	稱	夜	光
칼검	부를호	클거	집궐	구슬주	일컬을칭	밤야	빛광

果	珍	李	柰	菜	重	芥	薑
과일과	보배진	오얏리	벗내	채소채	중요할중	겨자개	생강강

○검은 일컬어 거궐이고, 구슬은 일컬어 야광이다.
○과일 가운데 진미는 오얏과 능금이고, 채소 가운데 중요한 것은 겨자와 생
　강이다.

*거궐은 중국 전국시대 월나라의 명인 구야자가 월왕의 명에 따라 만든 다섯 자루
　의 명검 중 하나이며, 야광은 중국 황실의 보물로 귀하게 대접받은 구슬이다.
*'과진이내채중개강'은 나무 목(木)이 들어가는 경우와 풀 초(++)가 들어가는 경우
　를 모아서 보여주고 있다.

劍 號 巨 闕 珠 稱 夜 光
果 珍 李 柰 菜 重 芥 薑

劍 號 巨 闕 珠 稱 夜 光
果 珍 李 柰 菜 重 芥 薑

劍	號	巨	闕	珠	稱	夜	光
果	珍	李	柰	菜	重	芥	薑

海	鹹	河	淡	鱗	潛	羽	翔
바다해	짤함	물하	맑을담	비늘린	잠길잠	깃우	날상

龍	師	火	帝	鳥	官	人	皇
용룡	스승사	불화	임금제	새조	버슬관	사람인	임금황

○바다는 짜고 강물은 싱거우며, 비늘 달린 물고기는 물에 잠기고 깃 달린 새는 난다.

○용사는 복희씨, 화제는 신농씨, 조관은 소호, 인황은 황제 헌원을 가리킨다.

*만물이 자기 특성을 지키고, 있어야 할 곳에 있으니 그게 자연스러움이다.

*중국 고대의 제왕들 이름이다. 이 중 씨(氏)를 쓰는 존재들은 하늘의 후손, 즉 천손(天孫)이라는 설이 있다.

海鹹河淡鱗潛羽翔
龍師火帝鳥官人皇

海鹹河淡鱗潛羽翔
龍師火帝鳥官人皇

海	鹹	河	淡	鱗	潛	羽	翔

龍	師	火	帝	鳥	官	人	皇

始	制	文	字		乃	服	衣	裳
비로소시	지을제	글월문	글자자		이에내	입을복	옷의	치마상

推	位	讓	國		有	虞	陶	唐
밀퇴	자리위	사양양	나라국		있을유	나라이름우	질그릇도	땅이름당

○ 문자를 처음 만들고, 웃옷(衣의)과 아래옷(裳상)을 지어 입었다.
○ 왕위를 물려주고 나라를 양보하니, 유우와 도당이다.

*상고시대에 이미 문자(書契 서글, 서계)를 만들었다는 것으로, 한자의 기원인 갑
 골문(甲骨文)은 은허 지역의 동이족이 만들었다고 전한다.
*천자 자리를 가족이 세습하지 않고 현자를 찾아 물려준 성군이 요(도당)와 순(유
 우)이다.

始制文字 乃服衣裳
推位讓國 有虞陶唐

始制文字 乃服衣裳
推位讓國 有虞陶唐

始	制	文	字	乃	服	衣	裳

推	位	讓	國	有	虞	陶	唐

弔	民	伐	罪	周	發	殷	湯
조상할조	백성민	칠벌	허물죄	두루주	필발	성할은	끓을탕

坐	朝	問	道	垂	拱	平	章
앉을좌	아침조	물을문	길도	드리울수	손맞잡을공	평평할평	글장

○백성을 위로하고 죄를 벌하니, 주나라 무왕과 은(상)나라 탕왕이다.
○조정에 앉아 신하에게 도를 물어 행하니, 공평하고 밝게 다스려졌다.

*탕왕(湯王)이 하(夏) 나라 걸왕(桀王)을 몰아내고 상(商)나라를, 무왕이 상(商)나라
주왕(紂王)을 몰아내고 주나라를 세웠음을 말한다.
*바른 지도자는 현명한 신하를 두고 늘 다스림의 도를 물어 행하니 그것이 무위로
다스림, 무위이치(無爲而治)라는 것이다.

弔 民 伐 罪 周 發 殷 湯
坐 朝 問 道 垂 拱 平 章

弔 民 伐 罪 周 發 殷 湯
坐 朝 問 道 垂 拱 平 章

弔	民	伐	罪	周	發	殷	湯

坐	朝	問	道	垂	拱	平	章

오십에 쓰는, 천자문 千字文

愛	育	黎	首	臣	伏	戎	羌
사랑할애	기를육	검을려	머리수	신하신	엎드릴복	오랑캐융	오랑캐강

遐	邇	壹	體	率	賓	歸	王
멀하	가까울이	한일	몸체	함께솔	손님빈	돌아갈귀	임금왕

O 왕이 백성을 아끼니, 이민족까지도 그의 신하로 복종하게 되었다.
O 멀고 가까운 곳이 하나가 되고, 서로 이끌어 왕의 덕화에 귀의하게 된다.

*여수(黎首)란 관을 쓰지 않은 일반 검은 머리 백성을 뜻한다.
*덕이 커지면 다스림의 폭도 확장된다.

愛 育 黎 首 臣 伏 戎 羌
遐 邇 壹 體 率 賓 歸 王

愛 育 黎 首 臣 伏 戎 羌
遐 邇 壹 體 率 賓 歸 王

愛	育	黎	首	臣	伏	戎	羌

遐	邇	壹	體	率	賓	歸	王

鳴	鳳	在	樹	白	駒	食	場
울명	봉새봉	있을재	나무수	흰백	망아지구	먹을식	마당장

化	被	草	木	賴	及	萬	方
될화	입을피	풀초	나무목	힘입을뢰	미칠급	일만만	모(나라)방

○봉황은 나무에서 울고, 흰 망아지가 풀을 뜯으니
○덕화가 초목까지 미치고, 만방으로 퍼져 간다.

*봉황새는 신성한 영물이며, 흰 망아지 역시 순정한 생명체를 뜻한다. 즉, 덕망 있
는 존재에게는 훌륭한 이들이 곁에 유유상종(類類相從)함을 이른다.
*한 존재가 덕이 차오르면 그 사람의 터럭 한 올에도 향기가 나며, 그 덕의 향기는
멀리 퍼져가게 마련이다.

鳴鳳在樹白駒食場
化被草木賴及萬方

鳴鳳在樹白駒食場
化被草木賴及萬方

鳴	鳳	在	樹	白	駒	食	場
化	被	草	木	賴	及	萬	方

蓋	此	身	髮	四	大	五	常
무릇개	이차	몸신	터럭발	넉사	큰대	다섯오	항상상

恭	惟	鞠	養	豈	敢	毀	傷
공손할공	생각할유	기를국	기를양	어찌기	감히감	헐훼	다칠상

○무릇, 이 몸과 터럭은 4대이니, 5상으로 늘 지키리라.
○부모가 먹이고 기르신 이 몸을 공손히 생각하니, 어찌 감히 훼손할 것인가?

*신발(身髮)은 신체발부(身體髮膚)의 약어로 사대(四大)는 천(天), 지(地), 군(君), 친(親)이며, 오상(五常)은 인(仁), 의(義), 예(禮), 지(智), 신(信)이다.
*내 의식은 내 것이라 하나 내 몸은 분명 부모님이 물려주셨고 또 기르셨으니 함부로 대해서는 안 될 것이다.

蓋	此	身	髮	四	大	五	常
恭	惟	鞠	養	豈	敢	毀	傷

蓋	此	身	髮	四	大	五	常
恭	惟	鞠	養	豈	敢	毀	傷

蓋	此	身	髮	四	大	五	常

恭	惟	鞠	養	豈	敢	毀	傷

女	慕	貞	烈	男	效	才	良
여자여	사모할모	곧을정	굳셀렬	사내남	본받을효	재주재	어질량

知	過	必	改	得	能	莫	忘
알지	허물과	반드시필	고칠개	얻을득	능력능	하지말막	잊을망

○ 여자는 곧은 절개를 따르고, 남자는 재량을 본받는다.
○ 잘못한 것을 알았거든 반드시 고칠 것이며, 배워 얻었으면 잊지 않는다.

*정(貞)은 올바름이며, 렬(烈)은 그 힘의 세참이다. 남자는 심성이 선량해야 하며 능력을 키워야 한다.
*자기 허물을 깨달음이 첫 공부요, 깨달았으면 다시는 범하지 않는 것이 공부의 완성이다.

女 慕 貞 烈 男 效 才 良
知 過 必 改 得 能 莫 忘

女 慕 貞 烈 男 效 才 良
知 過 必 改 得 能 莫 忘

女 慕 貞 烈 男 效 才 良
知 過 必 改 得 能 莫 忘

罔	談	彼	短	靡	恃	己	長
하지말망	말할담	저피	짧을단	하지말미	믿을시	자기기	장점(길)장

信	使	可	覆	器	欲	難	量
믿을신	하여금사	가할가	되풀이할복	그릇기	하고자할욕	어려울난	헤아릴량

○남의 단점을 입에 담지 말고, 자신의 장점을 너무 믿지 마라.
○믿음을 주어 약속할 수 있게 하고, 자기 그릇을 깊게 해 쉽게 헤아릴 수 없게 한다.

*영악한 자는 밖으로 책임을 미루기에 남의 단점을 잘 포착하나, 현명한 군자는 일체 원인과 해법을 내 안에서 찾는다.
*믿음을 자꾸 저버린 이는 더 이상 약속을 하기 어려워질 것이니 재산보다 더 큰 것을 잃은 것이다.

墨	悲	絲	染	詩	讚	羔	羊
먹묵	슬플비	실사	물들염	시시	찬양할찬	새끼양고	양양

景	行	維	賢	克	念	作	聖
빛경	행할행	바유	어질현	이길극	생각념	지을작	성인성

O묵자는 실이 물드는 것을 탄식하였고, 시경은 고양을 찬양하였다.
O밝은 행위로 현인이 되고, 삿된 생각을 이겨 성인이 된다.

*묵자(墨子)는 사람이 이기심에 물드는 것을 슬피 여겼고, 시경(詩經)의 고양(羔羊) 편에서 훌륭한 이를 본받아 청렴 검소한 관리를 칭찬하였다.
*밝은 행위란 부끄럼 없는 행동이며, 일체 집착을 다 내려놓으면 그것을 극기(克己)라 한다.

墨 悲 絲 染 詩 讚 羔 羊
景 行 維 賢 克 念 作 聖

墨 悲 絲 染 詩 讚 羔 羊
景 行 維 賢 克 念 作 聖

墨	悲	絲	染	詩	讚	羔	羊

景	行	維	賢	克	念	作	聖

德	建	名	立	形	端	表	正
큰덕	세울건	이름명	설립	모양형	단정할단	겉표	바를정

空	谷	傳	聲	虛	堂	習	聽
빌공	골짜기곡	전할전	소리성	빌허	집당	익힐습	들을청

○덕을 쌓으면 이름이 세워지니, 드러난 외형까지도 단정하게 할 일이다.
○빈 골짜기에도 소리는 전해지고, 빈집에도 소리는 스며드는 것이다.

*부귀 명예로 세운 이름은 죽을 때 가져가지 못하나 덕은 가져가는 것이며, 그것이
 야말로 내 수준의 척도가 된다.
*우리가 하는 말 한마디, 행위 하나도 사라지지 않으니, 하늘이 알고 땅이 안다고
 했다.

德 建 名 立 形 端 表 正
空 谷 傳 聲 虛 堂 習 聽

德 建 名 立 形 端 表 正
空 谷 傳 聲 虛 堂 習 聽

德 建 名 立 形 端 表 正
空 谷 傳 聲 虛 堂 習 聽

禍	因	惡	積	福	緣	善	慶
재앙화	인할인	나쁠악	쌓일적	복복	인연할연	착할선	경사경

尺	璧	非	寶	寸	陰	是	競
자척	구슬벽	아닐비	보배보	마디촌	그늘음	이시	다툴경

○화는 악행을 쌓은 것이 원인이요, 복은 선행의 인연으로 온다.
○커다란 옥구슬이라도 보배가 아니니, 작은 시간을 경주해야 한다.

*재앙이나 병은 과거에 누적된 업력의 결과이며, 만복 역시 과거에 착한 덕을 쌓은
 것의 결과라고 보았다.
*큰 구슬은 척벽(尺璧)이라 하여 보물로 여겼다. 촌음(寸陰)은 일촌광음(一寸光陰)
 의 준말이며, 해시계의 그림자가 한치 움직일 만한 짧은 시간을 의미한다.

禍 因 惡 積 福 緣 善 慶
尺 璧 非 寶 寸 陰 是 競

禍 因 惡 積 福 緣 善 慶
尺 璧 非 寶 寸 陰 是 競

禍	因	惡	積	福	緣	善	慶
尺	璧	非	寶	寸	陰	是	競

資	父	事	君	曰	嚴	與	敬
바탕자	아비부	섬길(일)사	임금군	가로(말할)왈	엄할엄	더불여	공경할경

孝	當	竭	力	忠	則	盡	命
효도효	마땅당	다할갈	힘력	충성할충	곧즉	다할진	목숨명

○부모를 모시듯 임금을 섬겨야 하니, 엄숙하고 경건해야 한다.
○효도는 마땅히 온 힘을 다해야 하고, 충성할 적에는 목숨도 다하는 것이다.

*세상에 내가 잘됨을 질투하지 않는 세 존재가 계시니 부모와 스승과 임금이다. 하여 군사부일체(君師父一體)라 하였다.
*효도에 임해서는 최선을 다하며, 또 세상을 위한 공적인 일(忠)에 임할 때 역시 혼을 갈아 넣으라는 뜻이다.

資 父 事 君 曰 嚴 與 敬
孝 當 竭 力 忠 則 盡 命

資 父 事 君 曰 嚴 與 敬
孝 當 竭 力 忠 則 盡 命

資	父	事	君	曰	嚴	與	敬
孝	當	竭	力	忠	則	盡	命

臨	深	履	薄		夙	興	溫	淸
임할임	깊을심	밟을리	얇을박		이를숙	일어날흥	따스할온	차가울청

似	蘭	斯	馨		如	松	之	盛
같을사	난초란	이사	향기형		같을여	소나무송	의지	성할성

○깊은 곳을 만나도 살얼음 지나듯 조심하고, 일찍 일어나 부모님 잠자리를 살핀다.
○난초와 같은 향기, 소나무와 같은 무성함을 새긴다.

*내 몸은 부모님이 주신 소중한 것이니 조심해서 거동할 것이며, 부모님의 침소가 겨울엔 따스한지, 여름엔 시원한지 살피라는 뜻이다.
*난초의 향기는 은은하면서도 멀리 퍼져가며 우로(雨露)만 받고도 피어난다. 소나무는 사시장철 푸름을 지켜가니 무욕과 불변의 마음이 선비의 본색이다.

臨深履薄夙興溫淸
似蘭斯馨如松之盛

臨深履薄夙興溫淸
似蘭斯馨如松之盛

臨	深	履	薄	夙	興	溫	淸
似	蘭	斯	馨	如	松	之	盛

川	流	不	息	淵	澄	取	映
내천	흐를류	아니불	쉴식	연못연	맑을징	취할취	비칠영

容	止	若	思	言	辭	安	定
얼굴용	그칠지	같을약	생각할사	말씀언	말씀사	편안안	정할정

ㅇ 냇물은 쉬지 않고 흐르고, 연못은 맑아 그림자를 비춘다.
ㅇ 얼굴은 사색하는 듯하고, 말은 안정되게 해야 한다.

*군자의 공부나 수양은 마치 물이 흐르듯 쉬지 않고 나아가 마침내 바다에 이르는 것과 같다. 또한 끊임없이 흐르니 탁해지지 않고 삼라만상을 거울처럼 비쳐낼 수 있다.
*용지(容止)라 함은 사색하는 듯 차분해야 한다는 뜻이다.

川 流 不 息 淵 澄 取 映
容 止 若 思 言 辭 安 定

川 流 不 息 淵 澄 取 映
容 止 若 思 言 辭 安 定

川	流	不	息	淵	澄	取	映

容	止	若	思	言	辭	安	定

篤	初	誠	美	慎	終	宜	令
도타울독	처음초	정성성	아름다울미	신중할신	끝종	마땅의	아름다울령

榮	業	所	基	籍	甚	無	竟
영화영	업업	바소	터기	문서적	넉넉할심	없을무	마칠경

○일을 시작할 때 정성을 다하고, 마무리 지을 때도 신중히 하는 것이 아름답다.

○영화로운 업적은 심신 수양이 있을 때 명성이 넉넉하고 끝이 없다.

*독실(篤實)하다는 것은 한눈 팔지 않고 끝까지 가는 것이며, 처음 마음으로 끝까지 가는 것을 초지일관(初志一貫)이라 한다.

*번영의 위업은 심신 수양이 바탕이며, 그것이 잘 되면 명성 또한 끝없이 퍼져가게 마련이다.

篤初誠美慎終宜令
榮業所基籍甚無竟

篤初誠美慎終宜令
榮業所基籍甚無竟

篤	初	誠	美	慎	終	宜	令

榮	業	所	基	籍	甚	無	竟

學	優	登	仕	攝	職	從	政
배울학	넉넉할우	오를등	벼슬사	가질섭	직분직	좇을종	정사정

存	以	甘	棠	去	而	益	詠
보존할존	써이	달감	팥배나	갈(죽을)거	말이을이	더욱익	노래할영

○ 배움이 넉넉하면 벼슬에 올라 직무를 맡고 정사를 돌보게 되며,
○ 팥배나무 밑에서 선정을 베풀었던 소공은 벼슬을 물러난 후 더욱 칭송을 들었다.

*바른 성품을 바탕으로 학문이 넉넉해지면, 그에 맞는 직업이 따르고 나라의 큰일 까지 맡는다.
*백성들은 주나라의 소공 석(김公 奭)이 그들을 보살피며 머물렀던 팥배나무를 보 존했고, 그가 세상을 뜬 후 더욱 그를 그리워하며 그의 공덕을 찬양하였다.

學 優 登 仕 攝 職 從 政
存 以 甘 棠 去 而 益 詠

學 優 登 仕 攝 職 從 政
存 以 甘 棠 去 而 益 詠

學	優	登	仕	攝	職	從	政

存	以	甘	棠	去	而	益	詠

樂	殊	貴	賤	禮	別	尊	卑
풍류악	다를수	귀할귀	천할천	예법예	구별할별	높을존	낮을비

上	和	下	睦	夫	唱	婦	隨
윗상	온화할화	아래하	공손할목	남편부	부를창	아내부	따를수

○ 풍류(음악)를 즐김에도 귀함과 천함이 있고, 예법에도 높고 낮은 수준이
  있다.
○ 상하 간에 화목하고, 부부간에 서로 원만히 한다.

*신분의 차별을 이름이 아니라 문화적, 학문적 감수와 수준에 차이점이 있음을 말
  하는 것이다.
*윗사람은 아랫사람에게 온화할 것이며, 아랫사람은 윗분을 공경함이 도리이다.
  부부간에도 서로 요청하면 따라줘야 화평할 수 있다.

樂	殊	貴	賤	禮	別	尊	卑

上	和	下	睦	夫	唱	婦	隨

樂	殊	貴	賤	禮	別	尊	卑

上	和	下	睦	夫	唱	婦	隨

樂	殊	貴	賤	禮	別	尊	卑
上	和	下	睦	夫	唱	婦	隨

오십에 쓰는, 천자문 千字文

外	受	傅	訓	入	奉	母	儀
밖외	받을수	스승부	가르칠훈	들입	받들봉	어머니모	거동의

諸	姑	伯	叔	猶	子	比	兒
모두제	고모고	아저씨백	숙부숙	같을유	자식자	견줄비	아이아

○밖에서는 스승의 가르침을 받고, 안에서는 어머니의 뜻을 받든다.
○모든 고모, 삼촌의 아이는 내 아이처럼 여긴다.

*약 8세 이후 집 밖에서는 사부(師傅)의 가르침을 받았으며, 집에서는 부모님의 거
  동을 본받아 배웠다.
*친인척의 자녀, 조카들 또한 내 자식처럼 여겨야 한다는 말이다.

外 受 傅 訓 入 奉 母 儀
諸 姑 伯 叔 猶 子 比 兒

外 受 傅 訓 入 奉 母 儀
諸 姑 伯 叔 猶 子 比 兒

外	受	傅	訓	入	奉	母	儀

諸	姑	伯	叔	猶	子	比	兒

孔	懷	兄	弟	同	氣	連	枝
구멍공	품을회	형형	아우제	같은동	기운기	이을련	가지지

交	友	投	分	切	磨	箴	規
사귈교	벗우	던질투	나눌분	자를절	갈마	경계할잠	바로잡을규

O형제를 깊이 생각해야 하니, 한 나무에서 같이 이어진 가지이기 때문이다.
O벗을 사귈 때 가려 사귀고, 서로 공부하며 잘못된 바는 바로잡아 줘야 한다.

*한 엄마의 젖을 먹고 자란 형제라는 의미도 포함한다.
*좋은 친구를 사귀었다면 옥의 원석을 깎고 다듬어 보배를 만들듯이 서로 격려하고 붙들어서 발전해 감을 절차탁마(切磋琢磨)라 한다.

孔懷兄弟同氣連枝
交友投分切磨箴規

孔懷兄弟同氣連枝
交友投分切磨箴規

孔	懷	兄	弟	同	氣	連	枝
交	友	投	分	切	磨	箴	規

仁	慈	隱	惻	造	次	弗	離
어질인	자애자	가엾어할은	불쌍히여길측	지을조	버금차	아니될불	떨어질리

節	義	廉	退	顚	沛	匪	虧
절개절	옳을의	청렴할렴	물러설퇴	엎어질전	자빠질패	아닐비	저버릴휴

○어질고 자비로운 마음을 급박한 때에도 잃어서는 안 된다.
○절의를 지키고 청렴하고 겸양해야 하며, 엎어져도 마음 변치 않는다.

*어진 마음을 늘 가득 채우고 있어 돌발상황에도 그것이 흩어지지 않도록 해야 한다.
*호시절에 잘하기는 쉽지만, 삶은 늘 평탄할 리가 없으니 격랑 속에서도 의연히 충절과 의리, 청렴과 겸양을 지켜간다면 바로 그가 대인이다.

仁 慈 隱 惻 造 次 弗 離
節 義 廉 退 顚 沛 匪 虧

仁 慈 隱 惻 造 次 弗 離
節 義 廉 退 顚 沛 匪 虧

仁	慈	隱	惻	造	次	弗	離

節	義	廉	退	顚	沛	匪	虧

性	靜	情	逸	心	動	神	疲
성품성	고요정	감정정	편안할일	마음심	동할동	정신신	피곤할피

守	眞	志	滿	逐	物	意	移
지킬수	참진	뜻지	흡족할만	쫓을축	물질물	뜻의	변할이

○성품이 고요하면 감정이 편안하고, 마음이 동요하면 정신이 피로하다.
○참됨을 지키면 그 뜻이 흡족하고, 물질을 쫓다 보면 그 마음이 변질된다.

*사람의 천성이 고요하면 감정도 따라 안정되는데, 오욕칠정(五慾七情)이 출렁이면 정신마저 덩달아 요동치게 된다.
*예로부터 참됨을 지켜야 진인(眞人)이라 했는데, 물욕에 끌리다 보면 속인(俗人)이 되고 만다.

性 靜 情 逸 心 動 神 疲
守 眞 志 滿 逐 物 意 移

性 靜 情 逸 心 動 神 疲
守 眞 志 滿 逐 物 意 移

性	靜	情	逸	心	動	神	疲

守	眞	志	滿	逐	物	意	移

堅	持	雅	操	好	爵	自	縻
굳을견	지킬지	올바를아	품행조	좋을호	벼슬작	스스로자	얽을미

都	邑	華	夏	東	西	二	京
도읍도	고을읍	빛날화	여름하	동녘동	서녘서	두이	서울경

○우아하고 절개가 있으면 좋은 벼슬은 저절로 오게 되어 있다.
○화하의 도읍은 동서 2경이다.

*선비는 세상 풍습에 요동하지 않고 우아한 절조를 늘 지켜가니, 때가 되면 좋은
기회가 오는 법이다.
*화하(華夏)는 중국을 달리 이르는 말이며, 동쪽 낙양(洛陽)을 동경(東京)이라 했
고, 서쪽 장안(長安)을 서경(西京)이라 했다.

堅 持 雅 操 好 爵 自 縻
都 邑 華 夏 東 西 二 京

堅 持 雅 操 好 爵 自 縻
都 邑 華 夏 東 西 二 京

堅	持	雅	操	好	爵	自	縻

都	邑	華	夏	東	西	二	京

背	邙	面	洛	浮	渭	據	涇
등질배	북망산망	마주할면	강이름락	뜰부	강이름위	의거할거	강이름경

宮	殿	盤	鬱	樓	觀	飛	驚
궁전궁	궁전전	넓을반	울창할울	누각누	볼관	날비	놀랄경

○낙양은 북망산을 등져 낙수를 마주하고, 장안에는 위수와 경수가 흐른다.
○궁전은 널리 울창한 숲에 쌓였고, 누각에 올라 솟아오른 놀라운 경치를 본다.

*도읍은 대체로 산을 등지며 물을 감아 도는 자리로 하는데 낙양(洛陽)과 장안(長安) 역시 그러했다.
*반울(盤鬱)은 '넓게 숲을 둘렀다'는 뜻이며, 비경(飛驚)은 '놀랄 만큼 치솟아 올랐다'는 뜻이다.

背	邙	面	洛	浮	渭	據	涇

宮	殿	盤	鬱	樓	觀	飛	驚

오십에 쓰는, 천자문 千字文

圖	寫	禽	獸	畵	綵	仙	靈
그림도	베낄사	날짐승금	짐승수	그릴화	채색할채	신선선	신령령

丙	舍	傍	啓	甲	帳	對	楹
셋째천간병	집사	옆방	열릴계	첫째천간갑	휘장장	마주할대	기둥영

ㅇ날짐승 들짐승을 그리고 주조하며, 색을 입히니 신선 사는 그림이다.
ㅇ병사 옆을 열어 갑장이 기둥을 마주하게 하고

*사(寫)는 주조한다는 의미였으며, 신령계를 표현하는 것은 예술의 근본적 취지였다.
*병사(丙舍)는 궁궐 내 신하들의 거처이며, 갑장(甲帳)은 전설의 동방삭이 만들었
  다는 신전의 장막이다.

圖寫禽獸畵綵仙靈
丙舍傍啓甲帳對楹

圖寫禽獸畵綵仙靈
丙舍傍啓甲帳對楹

圖	寫	禽	獸	畵	綵	仙	靈

丙	舍	傍	啓	甲	帳	對	楹

肆	筵	設	席	鼓	瑟	吹	笙
늘어놓을	대자리연	베풀설	자리석	연주할고	비파슬	불취	생황생

升	階	納	陛	弁	轉	疑	星
오를승	계단계	들일납	궁전섬돌폐	모자변	돌전	의심할의	별성

○ 자리를 마련해 연회를 열고 비파를 연주하며 생황을 부니
○ 계단을 올라 입장하는 신료들은 별인 듯 반짝이고

*연(筵)과 석(席)은 함께 쓰면 주로 술자리를 뜻한다. 궁중 연회 때 쓰이는 음악은 왕과 신료들의 심리적 안정을 위해 느리고 품격 있는 곡조를 지켰다.
*임금을 알현하는 신하들의 모습을 표현하고 있다. 예부터 임금은 태양, 신하들은 별로 상징되곤 했다.

肆 筵 設 席 鼓 瑟 吹 笙
升 階 納 陛 弁 轉 疑 星

肆 筵 設 席 鼓 瑟 吹 笙
升 階 納 陛 弁 轉 疑 星

肆	筵	設	席	鼓	瑟	吹	笙

升	階	納	陛	弁	轉	疑	星

오십에 쓰는, 천자문 千字文

右	通	廣	內	左	達	承	明
오른우	통할통	넓을광	안내	왼좌	이를달	이을승	밝을명
既	集	墳	典	亦	聚	群	英
이미기	모을집	무덤분	책전	또역	모을취	많을군	인재영

○오른쪽은 광내로 통하고, 왼쪽은 승명에 도달하며
○이미 삼분과 오전을 모은 곳에 또한 영웅들이 모였다.

*광내(廣內)는 내면을 넓게 하는 곳이니 서책 보관소이며, 승명(承明)은 밝게 하는
  곳이니 서적과 사서를 교열하는 곳이다.
*삼분(三墳): 고대 삼황(三皇)인 복희, 신농, 황제의 사적, 오전(五典): 고대 오제(五
  帝)인 소호, 전욱, 고신, 요, 순에 대한 기록

右 通 廣 內 左 達 承 明
既 集 墳 典 亦 聚 群 英

右 通 廣 內 左 達 承 明
既 集 墳 典 亦 聚 群 英

右	通	廣	內	左	達	承	明
既	集	墳	典	亦	聚	群	英

杜	稾	鍾	隸	漆	書	壁	經
막을두	볏집고	쇠북종	노예예	옻칠	글서	벽벽	경서경

府	羅	將	相	路	俠	槐	卿
관청부	벌릴라	장수장	서로(재상)상	길로	낄협	회화나무괴	벼슬경

○두고와 종요의 글, 칠서와 벽경
○장군과 재상이 늘어서 있고, 삼공(三公)과 경(신료)들이 즐비하여 길이 좁다.

*유명했던 두고의 초서와 종요(鍾繇)의 예서(예전에는 해서를 예서라 하였음), 칠
 서는 옻나무 진액으로 쓴 글이며 벽경은 공자의 사당에서 발견된 경서(비밀리에
 도배하여 남긴)를 이른다.
*왕을 보필하는 장군과 신하가 많아 국력이 든든한 상태로 회화나무는 삼공(三公)
 을 상징한다.

杜稾鍾隸漆書壁經
府羅將相路俠槐卿

杜稾鍾隸漆書壁經
府羅將相路俠槐卿

杜	稾	鍾	隸	漆	書	壁	經

府	羅	將	相	路	俠	槐	卿

오십에 쓰는, 천자문 千字文

戶	封	八	縣	家	給	千	兵
집호	봉할봉	여덟팔	고을현	집가	줄급	일천천	병사병

高	冠	陪	輦	驅	轂	振	纓
높을고	갓관	모실배	수레련	몰구	바퀴통곡	떨칠진	갓끈영

○여덟 고을을 봉지로 주고, 천명의 군사가 지키게 하니
○높은 관을 쓰고 수레에 올라 바퀴를 구르며 갓끈을 떨친다.

*공신(功臣)에게 여덟 고을을 책봉해 주고, 집에는 천명의 병사를 주었다.
*이는 높은 지위에 올라 그 명예를 크게 떨치는 것을 이른다.

戶 封 八 縣 家 給 千 兵
高 冠 陪 輦 驅 轂 振 纓

戶 封 八 縣 家 給 千 兵
高 冠 陪 輦 驅 轂 振 纓

戶	封	八	縣	家	給	千	兵

高	冠	陪	輦	驅	轂	振	纓

世	祿	侈	富	車	駕	肥	輕
세상세	녹록	사치할치	부자부	수레거	멍에가	살찔비	가벼울경

策	功	茂	實	勒	碑	刻	銘
꾀책	공로공	무성할무	열매실	새길륵	비석비	새길각	새길명

○대대로 녹을 받아 크게 부유하며, 수레 끄는 말은 살 찌고 가마는 경쾌하니
○무수한 공적을 비석에 새긴다.

*대대로 녹봉(祿俸)을 받은 명문대가의 부귀영화를 표현하였다.
*공을 세운 신료들의 공적은 비문으로 새겨 천년을 넘어가게 하며, 지금의 사람들
도 그 비문 내용을 해석하고 붓으로 쓰며 기억하게 되는 것이다.

世 祿 侈 富 車 駕 肥 輕
策 功 茂 實 勒 碑 刻 銘

世 祿 侈 富 車 駕 肥 輕
策 功 茂 實 勒 碑 刻 銘

世	祿	侈	富	車	駕	肥	輕

策	功	茂	實	勒	碑	刻	銘

오십에 쓰는,　천자문 千字文

磻	溪	伊	尹	佐	時	阿	衡
강이름반	시내계	저이	성씨윤	도울좌	때시	언덕아	저울형

奄	宅	曲	阜	微	旦	孰	營
문득엄	집택	굽을곡	언덕부	가늘미	아침단	누구숙	경영할영

○반계의 강태공과 탕왕을 도운 이윤은 시국을 보필해 아형의 벼슬에 올랐고
○곡부에 궁전을 지은 것은 주공(단)이 아니면 누가할 수 있었을까.

*태공망(太公望) 여상은 문왕(文王)과 무왕(武王)을 보필하여 주나라를 세우는 대공을
 세웠으며, 탕왕(湯王)은 은거하던 이윤을 등용하여 상나라를 건국하게 되었다.
*무왕의 동생인 주공(周公)단이 노나라에 봉해지고, 수도를 곡부(曲阜)에 삼았던
 업적을 말하고 있다.

磻 溪 伊 尹 佐 時 阿 衡
奄 宅 曲 阜 微 旦 孰 營

磻 溪 伊 尹 佐 時 阿 衡
奄 宅 曲 阜 微 旦 孰 營

磻 溪 伊 尹 佐 時 阿 衡

奄 宅 曲 阜 微 旦 孰 營

桓	公	匡	合	濟	弱	扶	傾
굳셀환	귀공	바를광	모을합	건널제	약할약	부축할부	기울경

綺	迴	漢	惠	説	感	武	丁
비단기	돌회	나라한	은혜혜	말씀설	느낄감	호반무	고무래정

○환공은 제후를 널리 합쳐 기울어져 가는 나라를 구했다.
○기리계가 한혜제를 회복시키고, 부열이 무정을 감동하게 하듯

*제환공(齊桓公)은 천하 제후들을 융합하여 주황실을 안정시키는 위업을 이뤘기
 에 춘추(春秋)오패(五覇) 중 하나가 되었다.
*기리계(綺里季)는 상산사호(商山四皓) 중 한 사람의 이름이고, 부열(傅說)은 은나
 라 왕 무정(武丁)을 감동하게 했다.

桓 公 匡 合 濟 弱 扶 傾
綺 迴 漢 惠 説 感 武 丁

桓 公 匡 合 濟 弱 扶 傾
綺 迴 漢 惠 説 感 武 丁

桓 公 匡 合 濟 弱 扶 傾

綺 迴 漢 惠 説 感 武 丁

오십에 쓰는, 천자문 千字文

俊	乂	密	勿	多	士	寔	寧
준걸준	어질예	빽빽할밀	말물	많을다	선비사	이식	편안녕

晉	楚	更	霸	趙	魏	困	橫
나라진	나라초	다시갱	으뜸패	나라조	나라위	곤할곤	가로횡

○준걸과 어진 선비들이 모이니 참으로 평안하다.
○진과 초가 번갈아 패권을 잡고, 조와 위는 연횡으로 곤궁에 빠졌다.

*훌륭하고 지혜로운 군자와 선비들이 함께 하니 평안할 수밖에 없지 않겠는가?
*전국시대 때 장의(張儀)가 연횡(連衡) 정책을 주창했는데 이는 육국(六國)으로 하여금 진(秦)나라를 섬기게 하는 정책인데, 이에 조나라와 위나라 등 여섯 나라는 많은 곤란을 겪었다.

俊 乂 密 勿 多 士 寔 寧
晉 楚 更 霸 趙 魏 困 橫

俊 乂 密 勿 多 士 寔 寧
晉 楚 更 霸 趙 魏 困 橫

俊	乂	密	勿	多	士	寔	寧

晉	楚	更	霸	趙	魏	困	橫

假	途	滅	虢	踐	土	會	盟
빌릴가	길도	멸할멸	나라괵	밟을천	흙토	모을회	맹세맹

何	遵	約	法	韓	弊	煩	刑
어찌하	따를준	약속약	법법	나라한	해질폐	번거로울번	형벌형

○진은 위계를 써 괵을 멸하고, 천토에 모여 맹세하였으며
○어찌 소하는 약법을 따르고, 한비자의 낡고 번잡한 형벌을 따랐을까.

*진나라가 길을 빌려달라는 빌미로 우나라를 치고 괵(虢)나라도 멸한 사건이 있으며, 진문공(晉文公)은 천하 제후를 천토(踐土)에 모아 자신을 중심으로 주나라를 받들자고 맹세한 일을 말한다.
*소하(蕭何)는 한고조(漢高祖)의 엄한 법을 계승하여 나라를 안정시켰지만, 법을 지나치게 적용한 한비자(韓非子)는 백성을 괴롭게 했으니 법이란 쓰기 나름의 칼과 같은 것이다.

假途滅虢踐土會盟
何遵約法韓弊煩刑

假途滅虢踐土會盟
何遵約法韓弊煩刑

假	途	滅	虢	踐	土	會	盟
何	遵	約	法	韓	弊	煩	刑

起	翦	頗	牧	用	軍	最	精
일어날기	자를전	자못파	기를목	쓸용	군사군	가장최	정묘할정

宣	威	沙	漠	馳	譽	丹	青
베풀선	위엄위	모래사	사막막	달릴치	명예예	붉을단	푸를청

ㅇ 백기, 왕전, 염파, 이목은 군사를 가장 잘 다루었고
ㅇ 위엄을 사막에까지 떨치니 단청에 넣어 기린다.

*백기(白起), 왕전(王翦)은 진나라 장수요, 염파(簾頗), 이목(李牧)은 조나라 장수로
 군사를 다루는 데 타의 추종을 불허했다.
*한무제(漢武帝)는 흉노 등을 쳐서 비단길을 열었고, 지금의 중국 영토 대부분을
 확보하였다.

起 翦 頗 牧 用 軍 最 精
宣 威 沙 漠 馳 譽 丹 青

起 翦 頗 牧 用 軍 最 精
宣 威 沙 漠 馳 譽 丹 青

起	翦	頗	牧	用	軍	最	精

宣	威	沙	漠	馳	譽	丹	青

九	州	禹	跡	百	郡	秦	幷
아홉구	고을주	우임금우	자취적	일백백	고을군	나라진	아우를병

嶽	宗	恒	岱	禪	主	云	亭
큰산악	마루종	늘항	산이름대	닦을선	주인주	이를운	정자정

○아홉 주는 우(禹)임금의 치적이요, 백 개의 군은 진나라가 병합했다.
○산중 으뜸은 항산(恒山)과 태산(泰山)으로 임금을 정하는 운정이 그곳에
　있다.

*우임금은 중국 땅을 아홉으로 나눠 물길을 만들어 홍수를 다스렸고, 진시황(秦始
　皇)은 100개의 군으로 나누어 중앙에서 통치하였다.
*봉선(封禪)은 천자가 천지신명에게 제사를 지내는 의식이며 태산 줄기인 운산과
　정산에서 했다.

九 州 禹 跡 百 郡 秦 幷
嶽 宗 恒 岱 禪 主 云 亭

九 州 禹 跡 百 郡 秦 幷
嶽 宗 恒 岱 禪 主 云 亭

九	州	禹	跡	百	郡	秦	幷

嶽	宗	恒	岱	禪	主	云	亭

雁	門	紫	塞	雞	田	赤	城
기러기안	문문	자주빛자	변방새	닭계	밭전	붉을적	재성

昆	池	碣	石	鉅	野	洞	庭
맏곤	못지	선돌갈	돌석	클거	들야	고을동	뜰정

○ 안문관과 만리장성, 계전과 적성
○ 운남의 곤지와 부평의 갈석, 거야의 넓은 들판과 동정의 큰 호수

*안문(雁門)은 산서성에 있고, 세(紫塞)는 만리장성이 지나는 곳이다. 계전(雞田)은 천하의 요충이고, 적성(赤城)은 촉(蜀) 땅을 조망할 수 있는 자리였다.
*곤지(昆池)는 장안(長安) 인근 거대한 인공 호수이며, 갈석(碣石)은 하북성(河北省)에 있는 산이다. 거야(鉅野)는 태산 동편 고을이고, 동정(洞庭) 호수는 800리나 되는 절경이다.

雁 門 紫 塞 雞 田 赤 城
昆 池 碣 石 鉅 野 洞 庭

雁 門 紫 塞 雞 田 赤 城
昆 池 碣 石 鉅 野 洞 庭

雁	門	紫	塞	雞	田	赤	城

昆	池	碣	石	鉅	野	洞	庭

曠	遠	縣	邈	巖	岫	杳	冥
빌광	멀원	솜면	멀막	바위암	맷부리수	아득할묘	어두울명

治	本	於	農	務	茲	稼	穡
다스릴치	근본본	어조사어	농사농	힘쓸무	이자	심을가	거둘색

○멀리 줄지어 있으니, 우뚝한 산부리들이 아득하다.
○다스림의 근본은 농업이니 때를 맞추어 심고 거두어야 한다.

*여기까지 역사상 큰 사건과 위인(偉人)들의 업적 등을 알리며 그것을 산봉우리가 끝없이 늘어선 모습으로 비유하였다.
*한서(漢書)에도 농자천하지대본(農者天下之大本) 민소지이생야(民所恃以生也)란 말이 있는데, '농사란 천하의 근본사이니 백성은 이에 의지하여 사는 것이다'란 말이다.

曠遠縣邈巖岫杳冥
治本於農務茲稼穡

曠遠縣邈巖岫杳冥
治本於農務茲稼穡

曠遠縣邈巖岫杳冥

治本於農務茲稼穡

俶	載	南	畝	我	藝	黍	稷
비로소숙	실을재	남녘남	이랑무(묘)	나아	재주예	기장서	피직

稅	熟	貢	新	勸	賞	黜	陟
구실세	익을숙	바칠공	새신	권할권	상줄상	내칠출	오를척

○남쪽 이랑을 일궈 기장과 피를 가꾼다.
○익으면 세(稅)를 내고, 햇곡식으로 제사를 지내 상(賞)을 권하며 못된 자는 내쫓는다.

*때가 되면 흔연히 관직을 놓고 은거하며 농사짓는 것을 자연스러운 일로 보았으니, 도연명(陶淵明)의 귀거래사(歸去來辭)도 그러한 삶에 대해 읊은 것이다.
*적절한 세금을 통해 농사를 독려하며, 나라 운영의 바탕을 삼아야 한다.

俶 載 南 畝 我 藝 黍 稷
稅 熟 貢 新 勸 賞 黜 陟

俶 載 南 畝 我 藝 黍 稷
稅 熟 貢 新 勸 賞 黜 陟

俶	載	南	畝	我	藝	黍	稷

稅	熟	貢	新	勸	賞	黜	陟

孟	軻	敦	素	史	魚	秉	直
맏맹	수레가	돈독할돈	바탕소	역사사	물고기어	잡을병	곧을직

庶	幾	中	庸	勞	謙	謹	勅
거의서	거의기	가운데중	떳떳할용	수고할로	겸손할겸	삼갈근	경계할칙

○ 맹자는 소박하고 도타운 사람이었고, 사어는 강직했으니
○ 중용에 이르자면 겸손에 힘쓰고 경계해야 한다.

*맹가는 맹자(孟子)의 본명으로 인의(仁義)를 중시했으며, 사어(史魚)는 위나라 신
 하로 자신의 시체를 왕을 간하는 도구로 쓸 정도로 강직했다.
*중용(中庸)에 드는 길은 밖으로 겸손하고 안으로 삼가 조심할 일이다.

孟 軻 敦 素 史 魚 秉 直
庶 幾 中 庸 勞 謙 謹 勅

孟 軻 敦 素 史 魚 秉 直
庶 幾 中 庸 勞 謙 謹 勅

孟	軻	敦	素	史	魚	秉	直

庶	幾	中	庸	勞	謙	謹	勅

오십에 쓰는,   천자문 千字文

聆	音	察	理	鑑	貌	辨	色
들을령	소리음	살필찰	다스릴리	거울감	모양모	나눌변	빛색

貽	厥	嘉	猷	勉	其	祗	植
줄이	그궐	아름다울가	꾀유	힘쓸면	그기	공경지	심을식

○들리는 소리에서 이치를 살피고, 거울에 비치는 바를 보아 판별하며
○아름다운 도리를 후세에 남기도록 복덕 쌓기를 부지런히 하며

*타인은 나를 비추는 거울이니 남을 보며 나를 판별하면 언제나 문제가 확대될 리 없다.
*유(猷)는 꾀, 도리로 내면에 심고자 한 '아름다운 도리'는 도덕심(道德心)을 말하는 것이다.

聆 音 察 理 鑑 貌 辨 色
貽 厥 嘉 猷 勉 其 祗 植

聆 音 察 理 鑑 貌 辨 色
貽 厥 嘉 猷 勉 其 祗 植

聆	音	察	理	鑑	貌	辨	色
貽	厥	嘉	猷	勉	其	祗	植

省	躬	譏	誡	寵	增	抗	極
살필성	몸궁	나무랄기	경계할계	사랑받을총	더할증	저항항	끝극

殆	辱	近	恥	林	皐	幸	即
위태할태	욕될욕	가까울근	부끄러울치	수풀림	언덕고	다행행	곧즉

○몸을 살펴 나무라고 경계할 일은 없는지, 총애가 늘면 더욱 조심해야 한다.
○위태로운 치욕이 다가올 수 있으니, 숲언덕에 은거할 수 있다면 다행이다.

*윗사람의 총애(寵愛)를 받으면 시기하는 눈도 늘기 마련이니 몸가짐을 잘해야함
 을 말한다.
*최고의 영예에서 죽임을 당한 한신(韓信)처럼 누구든지 토사구팽(兎死狗烹)을 당
 할 수 있으므로 높은 자리에 있을 때 떠나는 자세가 요구되곤 하였다.

省 躬 譏 誡 寵 增 抗 極
殆 辱 近 恥 林 皐 幸 即

省 躬 譏 誡 寵 增 抗 極
殆 辱 近 恥 林 皐 幸 即

省	躬	譏	誡	寵	增	抗	極

殆	辱	近	恥	林	皐	幸	即

오십에 쓰는,   천자문 千字文

兩	疏	見	機	解	組	誰	逼
두 량	성길 소	볼 견	틀 기	풀 해	끈 조	누구 수	핍박할 핍

索	居	閒	處	沈	默	寂	寥
찾을 색	살 거	한가할 한	곳 처	잠길 침	잠잠할 묵	고요 적	쓸쓸할 료

ㅇ양소는 기회를 보아 관복을 벗으니, 누가 그를 핍박할까.
ㅇ한가한 곳을 찾아 살며 고요히 침묵한 채.

*관직에서 5년 근무하고 욕심없이 고향으로 돌아간 소광(疏廣)과 그의 조카 소수 (疏受)를 이름이다.
*명리(名利)를 놓으면 몸은 한가롭고, 집착(執着)을 비우면 마음은 고요해진다.

兩 疏 見 機 解 組 誰 逼
索 居 閒 處 沈 默 寂 寥

兩 疏 見 機 解 組 誰 逼
索 居 閒 處 沈 默 寂 寥

兩 疏 見 機 解 組 誰 逼

索 居 閒 處 沈 默 寂 寥

求	古	尋	論	散	慮	逍	遙
구할구	옛고	찾을심	논할논	흩을산	생각할려	거닐소	멀요

欣	奏	累	遣	慼	謝	歡	招
기쁠흔	아뢸주	근심루	보낼견	슬플척	사양할사	즐거울환	부를초

O 옛사람이 논한 도를 찾으며, 염려 따위 버리고 거닐다.
O 기쁜 일은 알리고 근심은 버리며, 슬픈 일은 마다하고 즐거운 일을 부르다.

*옛사람들도 그 이전 현자들의 말씀을 돌이켜 배우고 마음을 다스렸다.
*슬픈 일은 업(業)이 쌓여 생기고 기쁜 일은 덕(德)이 초래하는 것이니, 그 이치대
 로 살면 삶이 순조롭다.

求 古 尋 論 散 慮 逍 遙
欣 奏 累 遣 慼 謝 歡 招

求 古 尋 論 散 慮 逍 遙
欣 奏 累 遣 慼 謝 歡 招

求	古	尋	論	散	慮	逍	遙

欣	奏	累	遣	慼	謝	歡	招

渠	荷	的	歷	園	莽	抽	條
개천거	연꽃하	과녁적	지날력	동산원	숲망	뽑을추	가지조

枇	杷	晚	翠	梧	桐	早	凋
비파비	비파파	늦을만	푸를취	오동나무오	오동나무동	일찍조	시들조

○도랑에는 연꽃이 역력하고, 동산의 나뭇가지는 쭉쭉 뻗어 있네.
○비파나무는 늦도록 푸르고, 오동나무는 일찍이 시든다.

*적력(的歷)은 또렷하여 역력한 것으로, 속세라는 도랑 속에서도 연꽃이 피어나듯 군자(君子)의 풍모도 그러하다.
*비파는 사계절 변치 않고 푸르니 선비의 절개와 같고, 오동나무는 초가을에 가장 먼저 잎을 떨구니 이는 선각자(先覺者)의 면모로 본다.

渠 荷 的 歷 園 莽 抽 條
枇 杷 晚 翠 梧 桐 早 凋

渠 荷 的 歷 園 莽 抽 條
枇 杷 晚 翠 梧 桐 早 凋

渠 荷 的 歷 園 莽 抽 條
枇 杷 晚 翠 梧 桐 早 凋

陳	根	委	翳	落	葉	飄	颻
베풀(묵을)진	뿌리근	맡길위	덮을예	떨어질락	잎엽	나부낄표	나부낄요

遊	鵾	獨	運	凌	摩	絳	霄
놀유	곤어곤	홀로독	움직일운	능가할능	만질마	붉을강	하늘소

○묵은 풀뿌리는 말라가고 덮은 낙엽 바람에 흩날리니
○곤어 한 마리 홀로 헤엄치다 붕새가 되어 노을 진 하늘을 넘나들고

*생(生)을 다한 것들이 스산하게 마르고 흩어지는 모양을 묘사하고 있다.
*곤어(鯤魚)는 장자(莊子) 소요유(逍遙遊) 편에 등장하는 큰 물고기이며, 나중에
거대한 붕(鵬)새로 변화한다. 이것은 인간존재의 위대한 상승을 의미한다.

陳根委翳落葉飄颻
遊鵾獨運凌摩絳霄

陳根委翳落葉飄颻
遊鵾獨運凌摩絳霄

陳	根	委	翳	落	葉	飄	颻

遊	鵾	獨	運	凌	摩	絳	霄

오십에 쓰는, 천자문 千字文

耽	讀	翫	市	寓	目	囊	箱
빠질탐	읽을독	즐길완	저자시	붙일우	눈목	주머니낭	상자상

易	輶	攸	畏	屬	耳	垣	墻
쉬울이(바꿀역)	가벼울유	바유	두려워할외	속할속	귀이	담원	담장

○ 저잣거리에서 책을 한번 보면 주머니나 상자 속에 넣은 듯 잊지 않았고
○ 군자는 말을 쉽고 가볍게 하는 것을 두려워하는데 담장에도 귀가 있기 때문이다.

*후한(後漢) 왕충(王充)은 가난하여 책을 사지 못하고 저잣거리 서점에서 책을 훑어보았지만, 주머니나 상자에 넣은 듯 그 내용을 잊지 않았다고 한다.
*이유(易輶)란 말을 쉽고 가볍게 하는 것으로 이 문장은 시경(詩經)에 근원이 있다.

耽	讀	翫	市	寓	目	囊	箱
易	輶	攸	畏	屬	耳	垣	墻

具	膳	湌	飯	適	口	充	腸
갖출구	반찬선	밥손	밥반	맞을적	입구	채울충	창자장

飽	飫	烹	宰	飢	厭	糟	糠
배부를포	물릴어	삶을팽	재상재	굶주릴기	족할염	술지게미조	겨강

○ 반찬을 갖추어 밥을 먹고, 입맛에 맞추어 배를 채우면 그만이다.
○ 배가 부르면 재상의 요리도 물리게 되고, 배가 고프면 술지게미로도 족하게 된다.

*미식이나 포식을 탐하지 말고 소박한 식사로 만족하라는 뜻이다.
*권문세가들은 고기 삶은 요리조차 지겨워했고, 공자의 충실한 제자 안연(晏然) 같은 이는 굶주려서 술지게미나 겨라도 족한 줄 알았다고 한다.

具膳湌飯適口充腸
飽飫烹宰飢厭糟糠

具膳湌飯適口充腸
飽飫烹宰飢厭糟糠

具	膳	湌	飯	適	口	充	腸

飽	飫	烹	宰	飢	厭	糟	糠

親	戚	故	舊	老	少	異	糧
친할친	겨레척	연고고	옛구	늙을로	젊을소	다를이	양식량

妾	御	績	紡	侍	巾	帷	房
첩첩	모실어	길쌈적	길쌈방	모실시	수건건	장막유	방방

○ 친척이나 옛 친구, 그리고 노소에 따라 음식도 다를 수밖에 없으니
○ 아내가 길쌈하여 어른 방에 수건을 받들고

*성이 같은 경우가 친(親)이요, 성이 다르면 척(戚)이라 하며 고구(故舊)는 옛날부터 알고 지낸 친구를 뜻한다.
*여기서 첩(妾)은 처(妻)와 동의어. 당시는 부부간에도 맡은 일이 구분되어 있었으므로 아내의 할 일을 표현한 것이다.

親戚故舊老少異糧
妾御績紡侍巾帷房

親戚故舊老少異糧
妾御績紡侍巾帷房

親	戚	故	舊	老	少	異	糧

妾	御	績	紡	侍	巾	帷	房

紈	扇	圓	潔	銀	燭	煒	煌
흰깁환	부채선	둥글원	깨끗할결	은은	촛불촉	빛날휘	빛날황

晝	眠	夕	寐	藍	笋	象	床
낮주	잠잘면	저녁석	잠잘매	쪽람	죽순순	코끼리상	평상상

○ 흰 비단부채는 둥글고 깨끗하며, 은촛대의 불빛이 밝으니
○ 낮에 자고 저녁에 또 자려, 푸른 대와 상아로 침상을 만들고

*깔끔하고 쾌적한 생활을 부채로 비유하고 선비의 품위 있는 삶을 은촉(銀燭)에 빗댄 것이다.
*한가로우면서도 풍요로운 삶의 표현이다. 하지만 공자는 낮잠이 많던 제자를 일러 '썩은 나무', 거름흙에 비유하여 나무란 바 있다.

紈 扇 圓 潔 銀 燭 煒 煌
晝 眠 夕 寐 藍 笋 象 床

紈 扇 圓 潔 銀 燭 煒 煌
晝 眠 夕 寐 藍 笋 象 床

紈	扇	圓	潔	銀	燭	煒	煌

晝	眠	夕	寐	藍	笋	象	床

絃	歌	酒	讌	接	盃	擧	觴
줄현	노래가	술주	잔치연	접할접	잔배	들거	술잔상

矯	手	頓	足	悅	豫	且	康
들교	손수	조아릴돈	발족	기쁠열	기쁠(미리)예	또차	편안강

○ 거문고 연주하며 노래하는 주연을 열어, 술잔을 부딪치고
○ 손을 들고 발을 굴러 춤추니 즐겁고 편안하구나.

*노래, 춤, 술, 이야기는 잔치의 필수 요소였다.
*주연을 베풀어 손님과 노래하고 춤추니 마음이 즐겁고 또한 편안해지더라. 이는
 우리 민족 풍류(風流)의 한 단면이다.

絃 歌 酒 讌 接 盃 擧 觴
矯 手 頓 足 悅 豫 且 康

絃 歌 酒 讌 接 盃 擧 觴
矯 手 頓 足 悅 豫 且 康

絃	歌	酒	讌	接	盃	擧	觴

矯	手	頓	足	悅	豫	且	康

嫡	後	嗣	續	祭	祀	蒸	嘗
맏적	뒤후	이을사	이을속	제사제	제사사	찔증	맛볼상

稽	顙	再	拜	悚	懼	恐	惶
조아릴계	이마상	다시(두번)재	절배	두려울송	두려울구	두려울공	두려울황

○ 맏이는 뒤를 이어 제사를 지내는데 겨울제사와 가을제사가 있었다.
○ 이마를 조아려 두 번 절하되, 송구하고 두려운 마음을 보여야 한다.

*겨울 제사는 증(蒸)이라 하고, 가을 제사는 상(嘗)이라 하며 새로 난 물건을 제사
에 올리곤 하지만 중요한 건 마음이다.
*조상이 무서워서 두려운 것이 아니라 그만큼 정신을 경건히 하고 엄숙함을 지키
라는 것이다.

嫡 後 嗣 續 祭 祀 蒸 嘗
稽 顙 再 拜 悚 懼 恐 惶

嫡 後 嗣 續 祭 祀 蒸 嘗
稽 顙 再 拜 悚 懼 恐 惶

嫡	後	嗣	續	祭	祀	蒸	嘗

稽	顙	再	拜	悚	懼	恐	惶

牋	牒	簡	要	顧	答	審	詳
편지전	편지첩	간략할간	중요할요	돌아볼고	대답답	살필심	자세할상

骸	垢	想	浴	執	熱	願	涼
뼈(몸)해	때구	생각상	목욕할욕	잡을집	더울열	원할원	서늘할량

○편지는 간략히 요지만 쓰고, 답신은 자세히 살펴서 하라.
○몸에 때가 끼면 목욕할 생각이 나고, 더워지면 서늘하기를 원하게 된다.

*예로부터 말이든 편지든 수다스러운 것을 피하고자 했으며, 답장에는 빠진 것이
 없는지 소상히 살폈다.
*예기(禮記)에 보면 자신이 느끼는 대로 부모님도 그러할 것을 알고 돌봐 드리길
 권하고 있다.

牋 牒 簡 要 顧 答 審 詳
骸 垢 想 浴 執 熱 願 涼

牋 牒 簡 要 顧 答 審 詳
骸 垢 想 浴 執 熱 願 涼

牋	牒	簡	要	顧	答	審	詳

骸	垢	想	浴	執	熱	願	涼

驢	騾	犢	特	駭	躍	超	驤
나귀려	노새라	송아지독	숫소특별할특	놀랄해	뛸약	넘을초	달릴양

誅	斬	賊	盜	捕	獲	叛	亡
칠(벨)주	벨참	도적적	도둑도	잡을포	잡을획	배반반	도망할망

○나귀며 노새, 송아지, 황소가 놀라 뛰며 내달리듯
○산적과 도둑은 잡아 죽이고, 반역자는 잡아들인다.

*가축의 수효는 빈부(貧富)의 척도였다. 가축들이 뛰어노는 양을 표현한 것이니 이는 풍족과 평화의 정경이다.
*도적(盜賊)은 자기 것이 아닌데 취하고 죄 없는 사람을 상해하는 자, 반망(叛亡)은 나라를 등지고 도망간 자를 말한다.

驢騾犢特駭躍超驤
誅斬賊盜捕獲叛亡

驢騾犢特駭躍超驤
誅斬賊盜捕獲叛亡

驢	騾	犢	特	駭	躍	超	驤

誅	斬	賊	盜	捕	獲	叛	亡

布	射	遼	丸	嵇	琴	阮	嘯
베포	쏠사	벗료	알환	뫼혜	거문고금	성완	휘파람소

恬	筆	倫	紙	鈞	巧	任	釣
편안념	붓필	인륜륜	종이지	무게균	공교할교	맡길임	낚시조

ㅇ여포는 활, 의료는 탄환, 혜강은 거문고, 완적은 휘파람이 특기였다.
ㅇ몽념은 붓을, 채륜은 종이를, 마균은 지남거를, 임공자는 낚시대를 만들었다.

*완적(阮籍)은 죽림칠현(竹林七賢)의 1인.
*진나라 몽념(蒙恬)이 토끼털로 붓을 만들었고, 후한 채륜(菜倫)이 닥나무로 종이를 만들었으며, 마균(馬鈞)은 지남거(指南車)를 만들었고, 임공자(任公子)는 갈고리를 나무에 달아 낚싯대를 고안하였으니, 그들의 명성은 천년을 넘어서고 있다.

布射遼丸嵇琴阮嘯
恬筆倫紙鈞巧任釣

布射遼丸嵇琴阮嘯
恬筆倫紙鈞巧任釣

布	射	遼	丸	嵇	琴	阮	嘯
恬	筆	倫	紙	鈞	巧	任	釣

釋	紛	利	俗	竝	皆	佳	妙
풀석	어지러울분	이로울리	풍속속	아우를병	다개	아름다울가	묘할묘

毛	施	淑	姿	工	顰	妍	笑
털모	베풀시	맑을숙	자태자	장인공	찡그릴빈	고울연	웃음소

ㅇ어지러운 세상에 재주를 풀어 이롭게 하니 모두 다 뛰어나고 오묘하였다.
ㅇ모타와 서시의 맑은 자태여, 찡그린 모습조차 아름다워라.

*일기(一技) 일능(一能)을 지닌 이들이 예로부터 세상을 이롭게 발전시켜 왔으며 대접받고 있다.
*오(吳)나라 모타와 월(越)나라 서시는 절세 미녀로 유명했는데, 서시는 찌푸린 얼굴도 아름다웠기에 그 표정을 흉내 내는 여인들이 많았다고 한다.

釋 紛 利 俗 竝 皆 佳 妙
毛 施 淑 姿 工 顰 妍 笑

釋 紛 利 俗 竝 皆 佳 妙
毛 施 淑 姿 工 顰 妍 笑

釋	紛	利	俗	竝	皆	佳	妙

毛	施	淑	姿	工	顰	妍	笑

年	矢	每	催	曦	暉	朗	耀
해년	화살시	매양매	재촉할최	햇빛희	빛날휘	밝을랑	빛날요

璇	璣	懸	斡	晦	魄	環	照
구슬선	구슬기	매달현	돌알	어두울회	넋백	고리환	비칠조

○세월은 늘 화살같이 재촉하나, 햇빛은 언제나 밝게 빛나고
○선기 매달려 돌듯 그믐이 지나면 다시 보름이 되니

*인생은 빠르게 지나가지만, 본질은 영원하다는 뜻이다.
*선기(璇璣)는 천문기계고, 회백(晦魄)은 달이 기울었다 찼다 하는 모습, 그믐과 보름을 말한다.

年 矢 每 催 曦 暉 朗 耀
璇 璣 懸 斡 晦 魄 環 照

年 矢 每 催 曦 暉 朗 耀
璇 璣 懸 斡 晦 魄 環 照

年	矢	每	催	曦	暉	朗	耀

璇	璣	懸	斡	晦	魄	環	照

指	薪	修	祐	永	綏	吉	劭
가리킬지	장작신	닦을수	도울우	길영	편안할수	길할길	높을소

矩	步	引	領	俯	仰	廊	廟
곱자구	걸음보	끌인	거느릴령	구부릴부	우러를앙	사랑채랑	사당묘

ㅇ 장작을 가리키듯 수양에 전념하면 영원토록 평안하고 길하다.
ㅇ 반듯하게 걸으며 옷깃을 당기고, 낭묘에 엎드리며 또 우러른다.

*지신(指薪)은 『장자莊子』 양생주(養生主)에서 인용된 문구. 불이 약해지면 손으
로 땔나무를 밀어 넣어 불씨를 살리듯이 '부지런히 덕을 쌓으면 복의 불씨가 꺼지
지 않는다'는 의미.
*랑묘(廊廟)는 행정부의 최고기관, 의정부(議政府)라고도 한다.

指薪修祐永綏吉劭
矩步引領俯仰廊廟

指薪修祐永綏吉劭
矩步引領俯仰廊廟

指	薪	修	祐	永	綏	吉	劭

矩	步	引	領	俯	仰	廊	廟

束	帶	矜	莊	徘	徊	瞻	眺
묶을속	띠대	자랑할긍	엄할장	어정거릴배	머뭇거릴회	우러러볼첨	바라볼조

孤	陋	寡	聞	愚	蒙	等	誚
외로울고	낮을루	적을과	들을문	어리석을우	어두울몽	무리등	꾸짖을초

O 허리띠를 단단히 묶어 긍지를 가지고, 거닐면서도 일의 선후를 살핀다.
O (나는) 고루하고 배워 들은 것이 적으니, 어리석다는 꾸짖음을 면치 못한다.

*허리띠를 조임은 자세를 바르게 함이요, 첨조(瞻眺) 한다는 것은 우러르고 내리 살핌을 두루 말하는 것이다.
*천자문의 저자 주흥사(周興嗣)는 마지막에 스스로를 낮추는 모범을 보인다.

束 帶 矜 莊 徘 徊 瞻 眺
孤 陋 寡 聞 愚 蒙 等 誚

束 帶 矜 莊 徘 徊 瞻 眺
孤 陋 寡 聞 愚 蒙 等 誚

束	帶	矜	莊	徘	徊	瞻	眺

孤	陋	寡	聞	愚	蒙	等	誚

謂	語	助	者	焉	哉	乎	也
이를위	말씀어	도울조	사람자	어찌언	종결사재	어조사호	잇기야

○ 말을 돕는 것(어조사)에는 '언', '재', '호', '야'가 있다.

*주흥사가 마지막 네 글자를 채우지 못해 고심하는데 꿈에 신령이 이 네 글자를 점화해 주었다고 한다.

謂 語 助 者 焉 哉 乎 也
謂 語 助 者 焉 哉 乎 也

謂 語 助 者 焉 哉 乎 也
謂 語 助 者 焉 哉 乎 也

謂	語	助	者	焉	哉	乎	也
謂	語	助	者	焉	哉	乎	也

오십에 쓰는, 천자문 千字文

天地玄黄宇宙洪荒

日月盈昃辰宿列張

寒來暑往秋收冬藏

閏餘成歲律呂調陽

雲騰致雨露結爲霜

金生麗水玉出崑岡

오십에 쓰는, 천자문 千字文

劍號巨闕　珠稱夜光

果珍李奈　菜重芥薑

海鹹河淡　鱗潛羽翔

龍師火帝　鳥官人皇

始制文字　乃服衣裳

推位讓國　有虞陶唐

弔	民	伐	罪	周	發	殷	湯

坐	朝	問	道	垂	拱	不	章

愛	育	黎	首	臣	伏	戎	羌

遐	邇	壹	體	率	賓	歸	王

鳴	鳳	在	樹	白	駒	食	場

化	被	草	木	賴	及	萬	方

蓋此身髮 四大五常

恭惟鞠養 豈敢毀傷

女慕貞烈 男效才良

知過必改 得能莫忘

罔談彼短 靡恃己長

信使可覆 器欲難量

墨 悲 絲 染 詩 讚 羔 羊

景 行 維 賢 克 念 作 聖

德 建 名 立 形 端 表 正

空 谷 傳 聲 虛 堂 習 聽

禍 因 惡 積 福 緣 善 慶

尺 璧 非 寶 寸 陰 是 競

資父事君 曰嚴與敬
孝當竭力 忠則盡命

臨深履薄 夙興溫凊
似蘭斯馨 如松之盛

川流不息 淵澄取映
容止若思 言辭安定

篤	初	誠	美	慎	終	宜	令
榮	業	所	基	籍	甚	無	竟

學	優	登	仕	攝	職	從	政
存	以	甘	棠	去	而	益	詠

樂	殊	貴	賤	禮	別	尊	卑
上	和	下	睦	夫	唱	婦	隨

오십에 쓰는, 천자문 千字文

外受傅訓入奉母儀

諸姑伯叔猶子比兒

孔懷兄弟同氣連枝

交友投分切磨箴規

仁慈隱惻造次弗離

節義廉退顛沛匪虧

性靜情逸 心動神疲

守眞志滿 逐物意移

堅持雅操 好爵自縻

都邑華夏 東西二京

背邙面洛 浮渭據涇

宮殿盤鬱 樓觀飛驚

圖寫禽獸　畫綵仙靈

丙舍傍啟　甲帳對楹

肆筵設席　鼓瑟吹笙

升階納陛　弁轉疑星

右通廣內　左達承明

既集墳典　亦聚群英

杜 稾 鍾 隷 漆 書 壁 經

府 羅 將 相 路 俠 槐 卿

戶 封 八 縣 家 給 千 兵

高 冠 陪 輦 驅 轂 振 纓

世 祿 侈 富 車 駕 肥 輕

策 功 茂 實 勒 碑 刻 銘

磻溪伊尹佐時阿衡

奄宅曲阜微旦孰營

桓公匡合濟弱扶傾

綺迴漢惠說感武丁

俊乂密勿多士寔寧

晉楚更霸趙魏困橫

假途滅虢 踐土會盟

何遵約法 韓弊煩刑

起翦頗牧 用軍最精

宣威沙漠 馳譽丹青

九州禹跡 百郡秦并

嶽宗恒岱 禪主云亭

雁門紫塞雞田赤城

昆池碣石鉅野洞庭

曠遠縣邈巖岫杳冥

治本於農務茲稼穡

俶載南畝我藝黍稷

稅熟貢新勸賞黜陟

孟軻敦素 史魚秉直

庶幾中庸 勞謙謹敕

聆音察理 鑑貌辨色

貽厥嘉猷 勉其祗植

省躬譏誡 寵增抗極

殆辱近恥 林皋幸即

兩疏見機 解組誰逼

索居閒處 沈默寂寥

求古尋論 散慮逍遙

欣奏累遣 感謝歡招

渠荷的歷 園莽抽條

枇杷晚翠 梧桐早凋

陳根委翳落葉飄颻

遊鵾獨運凌摩絳霄

耽讀翫市寓目囊箱

易輶攸畏屬耳垣墻

具膳飧飯適口充腸

飽飫烹宰飢厭糟糠

親戚故舊老少異糧

妾御績紡侍巾帷房

紈扇圓潔銀燭煒煌

晝眠夕寐藍笋象床

絃歌酒讌接盃舉觴

矯手頓足悅豫且康

嫡後嗣續祭祀蒸嘗

稽顙再拜悚懼恐惶

牋牒簡要顧答審詳

骸垢想浴執熱願涼

驢騾犢特駭躍超驤

誅斬賊盜捕獲叛亡

布 射 遼 丸 嵇 琴 阮 嘯

恬 筆 倫 紙 鈞 巧 任 釣

釋 紛 利 俗 竝 皆 佳 妙

毛 施 淑 姿 工 顰 妍 笑

年 矢 每 催 曦 暉 朗 耀

璇 璣 懸 斡 晦 魄 環 照

指薪修祐永綏吉劭

矩步引領俯仰廊廟

束帶矜莊徘徊瞻眺

孤陋寡聞愚蒙等誚

謂語助者焉哉乎也

문자(文字)란 사상을 담은 그릇이므로
필사는 하나의 인성수양(人性修養)이며
도야(陶冶)라고 할 수 있습니다.

하루 10분, 고전 필사 01
오십에 쓰는 천자문千字文

초판1쇄 인쇄 2024년 03월 05일
초판1쇄 발행 2024년 03월 15일

지은이 타타오(한치선)
펴낸이 최병윤
펴낸곳 운곡서원
출판등록 2013년 7월 24일 제2022-000213호
주소 서울시 마포구 월드컵로10길 28, 202호
전화 02-334-4045
팩스 02-334-4046

종이 일문지업
인쇄 수이북스

ISBN 979-11-91553-75-8 04150
가격 8,500원